Erika Hellmann

Behütet
auf allen Wegen

Liebe Gretel,

zu Deinem Geburtstag
wünsche ich Dir
Gesundheit, Glück
und Zufriedenheit

Kathrin

Kiefel Verlag
Wuppertal

Der Herr ist freundlich,
und seine Gnade währet ewig
und seine Wahrheit für und für.

Psalm 100,5

Es macht den Wert und das Glück des Lebens aus,
in etwas Größerem aufzugehen, als man selber ist.

Teilhard de Chardin

Da saßen zwei Kolleginnen einer großen Firma in
der Mittagspause in der Werkskantine beisammen,
59 Jahre die eine, 64 Jahre die andere.

„Ich freue mich so auf den Ruhestand, deshalb
gehe ich auch schon mit 60 Jahren in Rente", sagte
die Jüngere. „Ich kann es kaum erwarten. Endlich
habe ich dann Zeit, mehr kulturelle Veranstal-
tungen zu besuchen, Bücher zu lesen, Schallplatten
zu hören und mich mehr um meinen Haushalt zu
kümmern."

„Willst du dich dann nur noch um dich selber
drehen?" fragte die Ältere erschrocken, „das muß
doch ein langweiliges, unerfülltes Leben sein. Mir
macht meine Arbeit als Sekretärin so viel Freude,
auch wenn ich den Chef auf Dienstreisen begleiten
und gelegentlich am Wochenende Dienst tun muß,
so daß ich am liebsten weiterarbeiten würde. Aber
man muß ja jüngeren Menschen Platz machen, das
sehe ich ein."

„Ich will natürlich nicht nur für mich selbst leben",
lachte die Kollegin. „Ich werde mehr Kontakte zu
den Verwandten und Freunden pflegen. Dann
möchte ich alte und kranke Gemeindemitglieder
zu Hause und im Altersheim besuchen. Vielleicht
kann ich auch dem Pfarrer etwas Schreibarbeit
abnehmen, der Gemeindeschwester helfen bei
ihren vielfältigen Aufgaben. Da wird mir schon

4

einiges einfallen, soweit Zeit und Kraft reichen. Für
die Gemeindekreise habe ich dann mehr Zeit und
bin abends nicht mehr zu müde. Ich freue mich
auch, wenn ich dann Kurse bei der Erwachsenenbil-
dung mitmachen kann und noch von Lebensberei-
chen erfahre, von denen ich immer schon gerne
mehr wissen wollte. Aber schöne Reisen sollen
natürlich auch nicht zu kurz kommen."
Nachdenklich hatte die Freundin diesem großen
Katalog von Zukunftsplänen zugehört. „Du hast ja
viel vor", staunte sie. „Für mich gab es bisher eben
vorwiegend meinen Beruf, der mich so ausgefüllt
hat, daß ich gar keine großen Privatinteressen mehr
hatte und wenig Zeit, sie zu pflegen. Deshalb
fürchtete ich mich geradezu vor dem Ruhestand.
Du hast mich jetzt neugierig gemacht, mir etwas
Neues für das Leben im Ruhestand zu suchen,
auch wenn es mir anfangs sicher nicht ganz leicht
fallen wird."
Die Jüngere hatte aufmerksam zugehört. „Vielleicht
solltest du den Mut haben, Gott um neue Aufgaben
für diesen Lebensabschnitt zu bitten. Er wird sie dir
zeigen, wenn du die Augen offenhältst."

Lebendig ist, wer wach bleibt,
sich den anderen schenkt,
wer sich zum Herbst hinwendet
und nicht aufhört zu lieben.

Luigi Nono

Ein jedes Ding hat wohl zwei Seiten

Der Herbst hat Haus und Hof versponnen,
und kürzer wird der goldne Tag.
Ich schau ins Land hinaus versonnen,
bald wohl der Winter kommen mag.

Noch blüht der Phlox in bunten Schwaden,
sein Duft erfüllt den ganzen Berg;
laßt uns am Schönen noch erlaben.
Wohl dem, der dafür hat Gemerk.

Was hilft's, das Künftge zu besorgen?
Es kommet, wie es kommen muß.
Drum nimm vom Heut die Kraft für morgen,
und laß den Zweiflern den Verdruß.

Ein jedes Ding hat wohl zwei Seiten,
seit Gott die Welt für uns erschuf.
Mög' dich die helle stets begleiten,
die dunkle wandelt Gottes Ruf.

Heidrun Wagner-Hommel

Daß du, Herr, deinen Segen
in unsre Hände legen,
uns anvertrauen magst,
will uns das Herz bewegen,
die Hand aufs neue regen,
zu tun, was du uns sagst.

Kurt Wiegering

Altsein ist ein herrlich Ding,
wenn man nicht verlernt hat, was anfangen heißt.

Martin Buber

Als Mutter, Großmutter, Urgroßmutter, Tante und
Patentante feierte die 90jährige ihren Geburtstag im
Altersheim. Vor mehr als zwölf Jahren war sie mit
ihrem Mann aus eigenem Entschluß in ein Altenheim umgezogen, obwohl sie bei der unverheira-
teten berufstätigen Tochter Platz genug gehabt
hätten und auch liebevoll betreut worden wären.
Aber die lebenskluge Frau rechnete damit, daß sie
beide doch einmal eine Ganztagsbetreuung
brauchen würden, und sie wollten sich bewußt
im Altenheim einleben, solange es ihnen noch
einigermaßen gut ging.
Diese Erwartungen des Ehepaares haben sich
erfüllt. Sie haben im Heim einen neuen Bekannten-
und Freundeskreis gewonnen und hatten durch
gemeinsame Unternehmungen noch eine bereichernde und erfüllte Zeit zusammen.
Als der Ehemann starb, bewährte sich das Mit-
tragen der anderen Bewohner, so tief schmerzlich
der Verlust für die Hinterbliebene auch war. Sie
blieb nicht bei ihrem Leid stehen, sie zog sich
nicht von den anderen zurück. Es gab nun andere
Aufgaben für sie. Da gab es Bettlägerige und
Kranke, denen sie vorlas, sie hörte geduldig zu,
wenn sie aus ihrer Kindheit erzählten, und konnte
noch manche Handreichung für sie tun. Für sie ist
es nicht selbstverständlich, daß sie selber noch

8

verhältnismäßig gut sehen, hören und gehen kann.
Sie sagt, daß sie Gott sehr dankbar sei für dieses
Geschenk. Und deshalb möchte sie auch gerne
noch für andere da sein.
Ihre Kinder, die Enkel und Patenkinder empfinden
es nie als langweilige Pflicht, die alte Dame zu
besuchen. Sie kommen gern, da die 90jährige inter-
essiert teilnimmt am Leben der Jüngeren.
So wurde auch der hohe Geburtstag zu einem fröh-
lichen Fest. Im Wohnzimmer des Altenheimes war
der Tisch festlich gedeckt, zwei Enkel musizierten,
und alle zusammen sangen einen Choral, den sich
das ‚Geburtstagskind‘ gewünscht hatte und den sie
mitsingen konnte.
Am Schluß bedankte sich die Seniorin bei ihren
Gästen für alle Liebe. Sie sprach davon, daß sie in
ihrem Leben die Verheißung Gottes erfahren habe:
„Ich will euch tragen bis ins Alter, bis ihr grau
werdet …“ In diesem Versprechen Gottes wisse sie
auch ihre restliche Lebenszeit geborgen.

Befiehl du deine Wege
und was das Herze kränkt,
der allertreusten Pflege
des, der den Himmel lenkt.

Der Wolken, Luft und Winden
gibt Wege, Lauf und Bahn,
der wird auch Wege finden,
da dein Fuß gehen kann.

Paul Gerhardt

Öffne mich weit

Himmlischer Vater –
kehre bei mir ein
und verwandle mich.
Öffne mich weit
für die Nöte um mich herum,
daß ich zuspringe und zugreife,
höre und helfe,
daß ich der Vollkommenheit
ähnlicher werde mit jedem Tag.
Wenn ich nicht verstehe
oder nicht verstanden werde,
laß mich standhaft
und ausdauernd bleiben,
denn nicht auf den Eindruck,
der verweht,
kommt es an,
sondern daß mein Leben,
gemäß Deinem Auftrag,
seinen Wert erhalte.

Gertrud Begas

Das Altern
ist wie die Woge im Meer.
Wer sich von ihr tragen läßt,
treibt obenauf.

Gertrud von Le Fort

Wer Halt gewährt, verstärkt in sich den Halt.
Wer Trost spendet, vertieft in sich den Trost.
Wer Heil wirkt, dem offenbart sich das Heil.

Martin Buber

Als bei der großen Zeltmission der Unfallwagen
vorbeiraste, unterbrach der Redner seine Ausfüh-
rungen und sagte: „Wir wollen jetzt für den
Kranken oder Verletzten beten, daß er sich bei allen
Schmerzen und Ängsten in Gottes Hand geborgen
weiß; für die Angehörigen, daß sie getröstet
werden; für die Ärzte und Schwestern, daß sie
helfen können, wenn es Gottes Wille ist."
Daran erinnert sich die Bibliothekarin, die seit
kurzem im Ruhestand ist. Sobald sie die Kranken-
wagensirene hört, spricht sie ein stilles Gebet. Aber
eines Tages fährt es ihr plötzlich durch den Sinn:
„Und wer hilft mir, wenn ich einmal – ohne Vor-
bereitung – ganz schnell ins Krankenhaus muß?"
Sie hat keine Angehörigen, kaum Freunde und
Bekannte und wenig Kontakt zu den Mitbewohnern des Hauses.
Und dann trat tatsächlich der befürchtete Unfall
ein. Beim Einkaufen stürzte sie auf der vereisten
Straße und mußte ins Krankenhaus gebracht
werden. Ihre Knochenbrüche wurden ärztlich gut
versorgt, und auch die Schwestern auf der Unfall-
station waren freundlich, aber sie machte sich

sorgenvolle Gedanken, wie sie wohl an frische Wäsche und an ihre Papiere kommen könnte.

Doch schon am nächsten Tag kam eine freundliche ältere Frau im grünen Kittel ins Zimmer und an ihr Bett. „Ich gehöre zu den ‚grünen Damen'", erklärte sie. „Wir sind freiwillige Helferinnen aus der örtlichen Frauenhilfe und wollen vor allem alleinstehenden Patienten, aber auch anderen, gerne mit Rat und Tat zur Seite stehen. Zum Beispiel machen wir Besorgungen, schreiben Briefe, übernehmen Behördengänge oder ähnliches. Was kann ich für Sie tun?"

Die neue Patientin war überrascht und zögerte ein wenig. Konnte sie einem fremden Menschen so schnell Vertrauen schenken? Sie wartete noch ab und erkundigte sich später bei der Stationsschwester nach den ‚grünen Damen'. Da bekam sie viel Positives zu hören. Beim nächsten Besuch der ‚grünen Dame' gab sie gerne und erleichtert ihren Wohnungsschlüssel ab und erklärte, wo die Papiere lagen und wo die frische Wäsche. Die Beauftragte kam bald mit dem Gewünschten, und der Patientin fiel ein großer Stein vom Herzen.

Mit Erlaubnis der Bibliothekarin hatte die Helferin später einigen Hausbewohnern von dem Unfall erzählt. Danach kam der eine und andere zu einem Besuch ans Krankenbett, und leise Kontakte wurden geknüpft, die sich schon längst hätten ergeben können. Sie war froh, daß sie nicht ganz so einsam und isoliert war, wie sie es sich vorgestellt hatte.

Nach ihrer Entlassung und weiterer Genesung meldete sich die Bibliothekarin selbst zum Betreuungsdienst bei den ‚grünen Damen'. Da sie diesen Dienst für sich selbst so hilfreich erfahren hatte, wollte sie ihn nun auch für andere tun.

Deine Freude zum Blühen bringen

Haben wir diesen Tag gelebt,
Herr, wie es dir gefällt?
Sind wir geduldig,
schlicht und liebevoll gewesen?
Haben wir jenen genug Zeit gegeben,
die zu uns kamen?
Haben wir ihre Hoffnung beantwortet,
wenn sie fragten?
Haben wir sie umarmt, wenn sie weinten?
Haben wir sie zärtlich aufgemuntert,
bis ihr Lachen wieder da war?
Haben wir in all ihren Leiden gebetet?
Haben wir Blumen gegeben mit dem Brot?
Haben wir deine Freude zum Blühen gebracht?
Sind wir unseren Brüdern
immer Bruder gewesen?

Wenn das alles nicht so war,
Herr, verzeihe uns.
Und selbst wenn es so war, es genügt nicht.
Umgib uns jeden Tag mit mehr Liebe, Herr,
bis zum großen Licht deiner Unendlichkeit.

Abendgebet der ,Kleinen Brüder und Schwestern'

Gottes Güter müssen fließen
aus einem in den andern
und gemeinsam werden,
daß ein jeglicher
sich seines Nächsten also annehme,
als wäre er's selbst.

Martin Luther

Ringen wir mit der Zeit, gestalten wir sie!
Und aus allen Zeiten werden heilige Zeiten.

Aurelius Augustinus

Sogar in der Zeitung hatte eine Notiz gestanden, daß der bewährte Prokurist, der viele Jahre in der bekannten Firma tätig gewesen war, in den Ruhestand getreten sei. Was die Zeitungsreporter nicht wissen konnten, das war die große Überraschung bei der Abschiedsfeier.

„Sie sind noch so rüstig", hatte der Chef zu dem Scheidenden gesagt, „und Sie haben so selten Ferien genommen, weil Ihnen die berufliche Arbeit so wichtig war. Dabei haben Sie stets großes Interesse an der Kultur und Geschichte fremder Völker gehabt. Besonders oft haben Sie von Israel gesprochen. Deshalb möchten wir Ihnen als Abschiedsgeschenk und in Anerkennung Ihrer besonderen Verdienste um die Firma Tickets für eine Israelreise überreichen. Wir haben Sie – nach heimlicher Rücksprache mit Ihrer Frau – bei einem Reisebüro angemeldet."

Da war der scheidende Jubilar wirklich sprachlos und überrascht. Er freute sich. Bald hatte er sich mit dem Gedanken an die Reise vertraut gemacht, zumal seine Frau mitfahren konnte. Der Übergang in den Ruhestand war durch dieses einfühlsame Geschenk der Firma leichter geworden.

Nun begannen die Vorbereitungen für die Reise mit Informationsabenden, die das Reisebüro anbot, und mit Arztbesuchen, um den Anforderungen der Reise gewachsen zu sein.

Die Reise selbst wurde dann ein großes, unvergeßliches Erlebnis. Mit ihnen waren noch viele ältere Menschen in der Gruppe, die lange für diese Reise gespart hatten. Es ergaben sich intensive und bereichernde Gespräche. Bei den Begegnungen mit Israelis bemühten sich alle Reisenden um eine offene Verständigung, vor allem mit den Älteren, die zum Teil großes Leid durch Deutsche erfahren hatten. Die Deutschen ihrerseits waren überrascht über manches freundliche Entgegenkommen und die Gastfreundschaft der Israelis.

Tiefbewegt waren viele Mitreisende an den Stätten, wo Jesus geweilt hatte, wo sie seine Nähe zu spüren glaubten. Die Frau machte sich viele Notizen über die Orte, die sie gesehen hatten, und über die verschiedenartigsten Eindrücke, der Pensionär fotografierte mit großem Eifer.

Erfüllt vom vielseitigen Erleben und bereichert durch die gute Gemeinschaft in der Gruppe, kehrte das Ehepaar nach Hause zurück. Sie hatten nun viel Material gesammelt, das sie ordnen und anschaulich zusammenstellen wollten, um es Verwandten, Freunden und Arbeitskollegen vorzuführen und die Daheimgebliebenen an der Reise teilnehmen zu lassen.

„Das war der schönste Beginn meines Ruhestandes, den ich mir denken konnte", sagte der Jubilar.

„Und wenn deine Firma uns nicht dieses großartige Geschenk gemacht hätte, dann hätten wir uns selbst diese Reise ausdenken und schenken sollen", fügte seine Frau nachdenklich hinzu.

Nun danket alle Gott

Nun danket alle Gott
mit Herzen, Mund und Händen,
der große Dinge tut
an uns und allen Enden,
der uns von Mutterleib
und Kindesbeinen an
unzählig viel zugut
und noch jetzund getan.

Der ewig reiche Gott
woll uns bei unserm Leben
ein immer fröhlich Herz
und edlen Frieden geben
und uns in seiner Gnad
erhalten fort und fort
und uns aus aller Not
erlösen hier und dort.

Lob, Ehr und Preis sei Gott,
dem Vater und dem Sohne
und dem, der beiden gleich
im höchsten Himmelsthrone,
dem dreimal Einen Gott,
als der ursprünglich war
und ist und bleiben wird
jetzund und immerdar.

Martin Rinckart

Über der Vielfalt der Zeit
steht ein ewiger Gott, dessen Weisheit
uns führt, dessen Stärke uns schützt,
dessen Liebe uns erhält.

Martin Luther King

Gott hat uns nicht den Geist der Furcht gegeben,
sondern den Geist der Kraft und der Liebe und der
Besonnenheit. 2. Timotheus 1, 7

Eine Familie mit Kindern ist in das Haus einge-
zogen, in dem bisher nur Alleinstehende oder
ältere Ehepaare wohnten. „Wie konnte der Haus-
herr nur diese junge Familie in unser Haus
aufnehmen", kritisierten die einen. „Jetzt werden
die Kinder durchs Treppenhaus toben oder sich
zanken und schreien, unsere schöne Ruhe ist
dahin. Vielleicht wird man sich auf die Dauer sogar
eine andere Wohnung suchen müssen." – „Erst
einmal abwarten, schließlich können wir uns ja
wehren", so die anderen. Nur das alte Ehepaar aus
der Dachwohnung sagte lächelnd, nach seiner
Meinung befragt: „Wir freuen uns, wenn jetzt ein
bißchen mehr Leben in unser stilles Haus kommt!"
Zuerst einmal beurteilten die kritischen Hausbe-
wohner es positiv, daß die Mutter der dreiköpfigen
Kinderschar bei allen Mitbewohnern einen kurzen
Vorstellungsbesuch machte. Sie bat die Leute im
voraus um Verständnis und Entschuldigung, wenn
die Kinder dann und wann allzu lebhaft sein
sollten beim Spielen. Von den meisten Mietern
wurde diese Ankündigung schweigend hinge-
nommen, so leicht würden sie ihre Zurückhaltung
nicht aufgeben. Erst einmal abwarten und beob-
achten, lautete ihre Devise. Nur das Ehepaar in der
Dachwohnung lud die neue Nachbarin zu einer
Tasse Kaffee ins Wohnzimmer ein und erklärte, sie
würden sich freuen, wenn auch die Kinder einmal
heraufkämen. Sie hätten auch noch einiges Spiel-

20

zeug von den eigenen Kindern und Märchenbücher zum Lesen und Vorlesen.

Durch die junge Familie wurde es tatsächlich lebhafter im Haus, und der Flur sah nicht immer so pieksauber aus wie bisher. Aber die Kinder grüßten die älteren Mitbewohner meistens fröhlich, wenn sie es nicht im Eifer ihrer Spiele und Erlebnisse vergaßen. Als einmal ein Ball durchs Treppenhaus flog und den empörten Rentner von der ersten Etage an der Schulter traf, kam gleich der zehnjährige Christoph herbeigestürzt und entschuldigte sich kleinlaut.

Natürlich waren es keine Musterkinder; und als sich dann noch ein viertes Geschwisterchen einstellte, gab es auch manches Kindergeschrei. Aber die Mitbewohner waren doch aus ihrer Reserviertheit herausgetreten, es war lebendiger geworden in dem Haus. Es gab nicht mehr Ärger, sondern mehr Anteilnahme untereinander.

Und dann geschah ein kleines Wunder: Die pensionierte Lehrerin aus der zweiten Etage bot sich an, gelegentlich bei den Kindern zu bleiben, wenn die Eltern abends einmal weggehen wollten.

Eine Familie mit Kindern – kein Nachteil für ältere Bewohner in einem allzu stillen Haus!

Dank für jeden „Guten Tag",
den mir einer gewünscht hat,
für jeden Händedruck, den ich gegeben habe,
für jedes Lächeln, das mir geschenkt wurde.

Michel Quoist

Gottes Güte und Liebe

Wer hat mich wunderbar bereitet?
Der Gott, der meiner nicht bedarf.
Wer hat mit Langmut mich geleitet?
Er, dessen Rat ich oft verwarf.
Wer stärkt den Frieden im Gewissen?
Wer gibt dem Geiste neue Kraft?
Wer läßt mich so viel Glück genießen?
Ists nicht sein Arm, der alles schafft?

Und diesen Gott sollt ich nicht ehren
und seine Güte nicht verstehn?
Er sollte rufen, ich nicht hören,
den Weg, den er mir zeigt, nicht gehn?
Sein Will ist mir ins Herz geschrieben,
sein Wort bestärkt ihn ewiglich:
Gott soll ich über alles lieben
und meinen Nächsten gleich als mich.

O Gott, laß deine Güt und Liebe
mir immerdar vor Augen sein!
Sie stärkt in mir die guten Triebe,
mein ganzes Leben dir zu weihn;
sie tröste mich zur Zeit der Schmerzen,
sie leite mich zur Zeit des Glücks,
und sie besieg in meinem Herzen
die Furcht des letzten Augenblicks.

Christian Fürchtegott Gellert

Gott gibt zur rechten Zeit stets,
was du brauchst zum Leben.
Wenn du nur immer recht gebrauchst,
was er gegeben.

Friedrich Rückert

Literaturnachweis

Heidrun Wagner-Hommel
Der Herbst hat Haus und Hof versponnen . . .
aus: Auf lichter Spur
Verlag Wagner, Forchheim

Kurt Wiegering
Daß du, Herr, deinen Segen . . .
Mit freundlicher Genehmigung
des Autors

Alle nicht gezeichneten Texte
sind von der Autorin Erika Hellmann.

Unser Dank gilt allen Autoren und
Verlagen für die freundlich erteilten
Genehmigungen zum Abdruck der
gewählten Texte.

Bibelnachweis

Revidierte Lutherbibel 1975
Deutsche Bibelgesellschaft
Stuttgart

Fotonachweis

Werner Heidt: Titel
Werner H. Müller: Seite 7, 19
Willi Rauch: Seite 3, 15, 23
Werner Richner: Seite 11

© 1987 Johannes Kiefel Verlag GmbH & Co KG, Wuppertal
2. Auflage 1988
Reproduktionen: Peter Karau, Bochum
Satz: Merkur Druckerei, Troisdorf
Druck: Phil. Baltin GmbH + Co, Gevelsberg
Einband: Verlagsbuchbinderei W. Berenbrock, Wuppertal
ISBN 3 7811 0405 2